Impressum
Verlag: BABADADA GmbH, Nedderfeld 112 , 22529 Hamburg
Geschäftsführer / Verlagsleitung: Harald Hof
Druck: Books on Demand GmbH, In de Tarpen 42, 22848 Norderstedt

Imprint
Publisher: BABADADA GmbH, Nedderfeld 112 , 22529 Hamburg, Germany
Managing Director / Publishing direction: Harald Hof
Print: Books on Demand GmbH, In de Tarpen 42, 22848 Norderstedt, Germany

学校

xue xiao

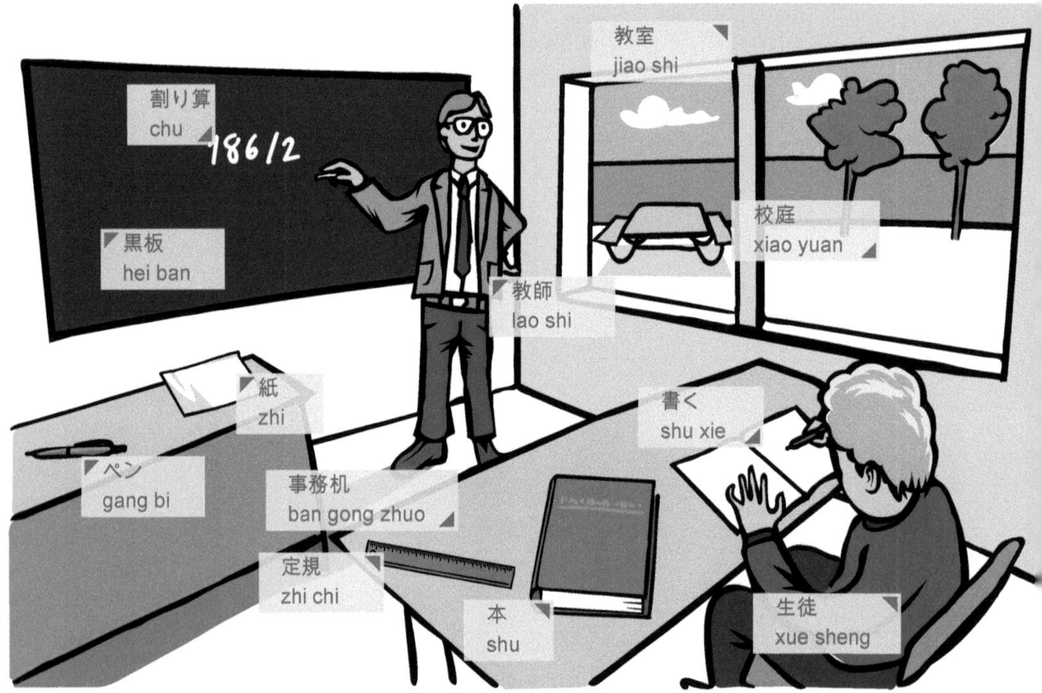

教室
jiao shi
割り算
chu
186/2
黒板
hei ban
教師
lao shi
校庭
xiao yuan
紙
zhi
書く
shu xie
ペン
gang bi
事務机
ban gong zhuo
定規
zhi chi
本
shu
生徒
xue sheng

ランドセル

shu bao

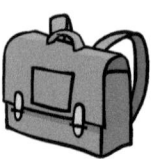

筆入れ

qian bi he

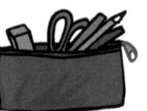

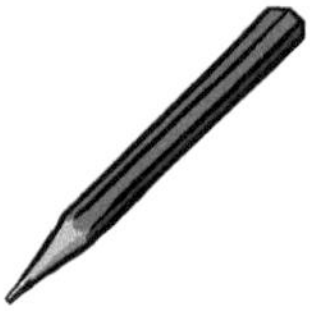

鉛筆

qian bi

鉛筆削り

juan bi dao

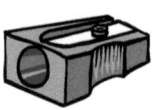

消しゴム

xiang pi ca

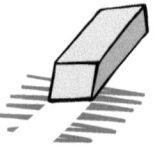

スケッチブック

hua ban

スケッチ

tu hua

絵筆

hua bi

絵の具箱

yan liao he

はさみ

jian dao

接着剤

jiao shui

練習帳

lian xi ce

宿題

jia ting zuo ye

12

数

shu zi

2+2

足し算

jia

5-2

引き算

jian

2×2

かけ算

cheng

計算する

ji suan

A

文字

zi mu

ABCDEFG
HIJKLMN
OPQRSTU
VWXYZ

アルファベット

zi mu biao

hello

単語

zi

テキスト

ke wen

読む

du

チョーク

fen bi

授業

shang ke

学級日誌

deng ji

試験

kao shi

通知表

zheng shu

制服

xiao fu

教育

jiao yu

百科事典

bai ke quan shu

大学

da xue

顕微鏡

xian wei jing

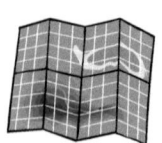

地図

di tu

ごみ箱

fei zhi kuang

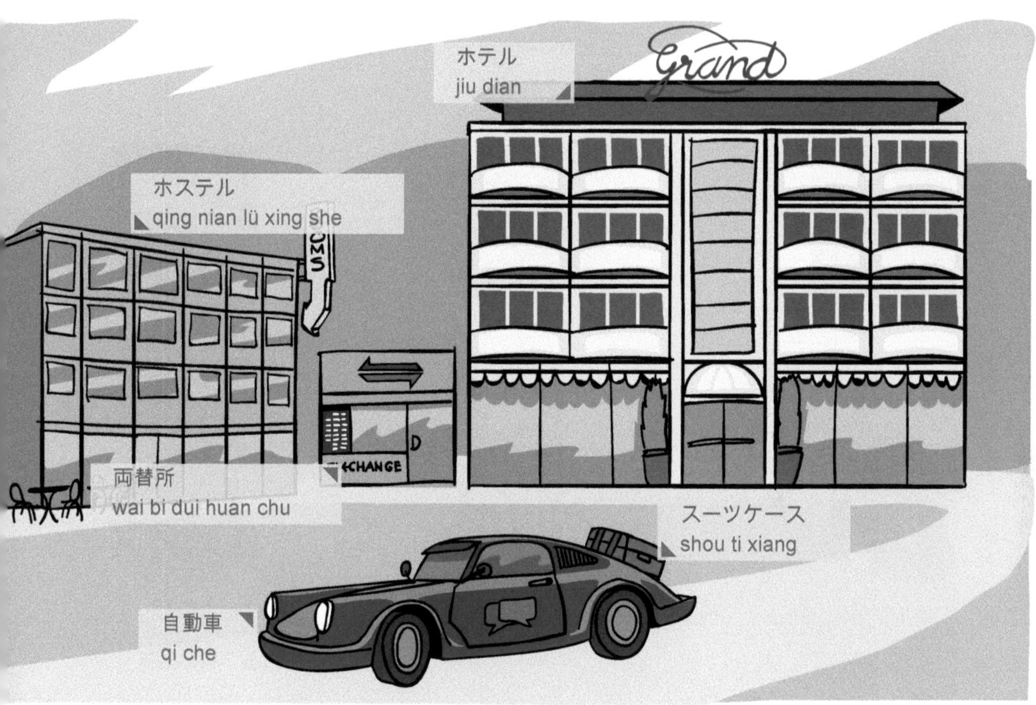
ホテル
jiu dian
Grand
ホステル
qing nian lü xing she
EXCHANGE
両替所
wai bi dui huan chu
スーツケース
shou ti xiang
自動車
qi che

言語
yu yan

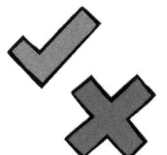

はい / いいえ
shi/fou

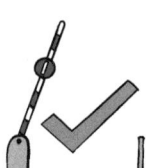

問題ない
hao de

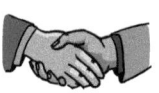

ハロー
nin hao

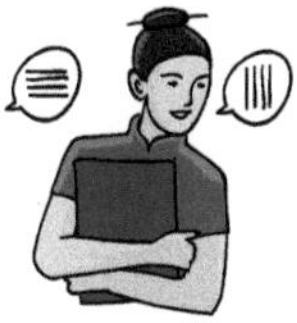

翻訳者
fan yi yuan

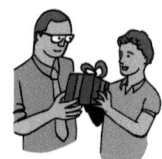

ありがとう
xie xie

…はいくらですか？

……duo shao qian?

わかりません

wo bu ming bai

問題

wen ti

こんばんは！

wan shang hao!

おはようございます！

zao shang hao!

おやすみなさい！

wan an!

さようなら

zai jian

方向

fang xiang

手荷物

xing li

バッグ

bao

リュックサック

shuang jian bao

お客様

ke ren

部屋

fang jian

寝袋

shui dai

テント

zhang peng

旅行者情報

lü you xin xi

ビーチ

hai tan

クレジットカード

xin yong ka

朝食

zao can

昼食

wu can

夕食

wan can

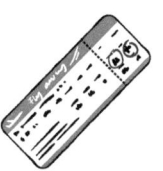

チケット

piao

エレベーター

dian ti

スタンプ

you piao

境界

bian jie

税関

hai guan

大使館

da shi guan

ビザ

qian zheng

パスポート

hu zhao

輸送

jiao tong yun shu

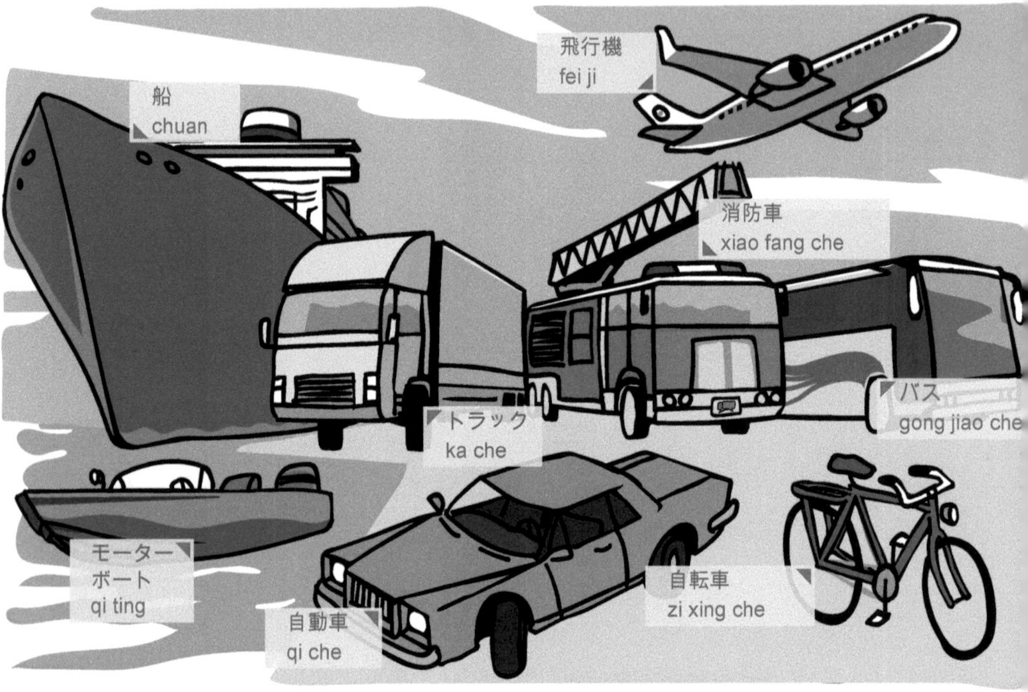

飛行機
fei ji
船
chuan
消防車
xiao fang che
バス
gong jiao che
トラック
ka che
モーター
ボート
qi ting
自動車
qi che
自転車
zi xing che

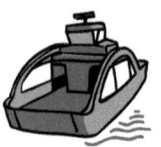

フェリー

bai du chuan

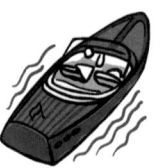

ボート

xiao chuan

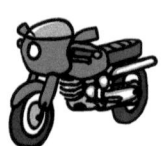

バイク

mo tuo che

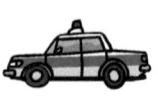

パトカー

jing che

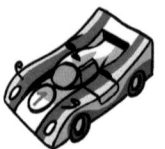

レーシングカー

sai che

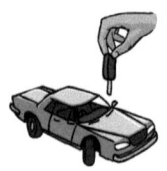

レンタカー

zu che

カーシェアリング

pin che

レッカー車

tuo che

ごみ収集車

la ji che

モーター

fa dong ji

燃料

qi you

ガソリンスタンド

jia you zhan

交通標識

jiao tong biao zhi

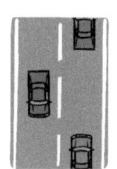

交通

jiao tong

渋滞

jiao tong du sai

駐車場

ting che chang

駅

huo che zhan

道

gui dao

列車

huo che

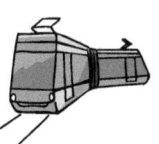

路面電車

dian che

車両

huo che

輸送 - jiao tong yun shu

9

ヘリコプター

zhi sheng ji

空港

ji chang

タワー

ta

乗客

cheng ke

コンテナ

ji zhuang xiang

段ボール箱

zhi ban xiang

カート

shou tui che

カゴ

lan zi

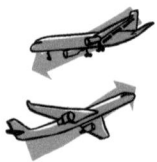

離陸 / 着陸

qi fei/jiang luo

都市

cheng shi

村

cun zhuang

都心

shi zhong xin

家

fang zi

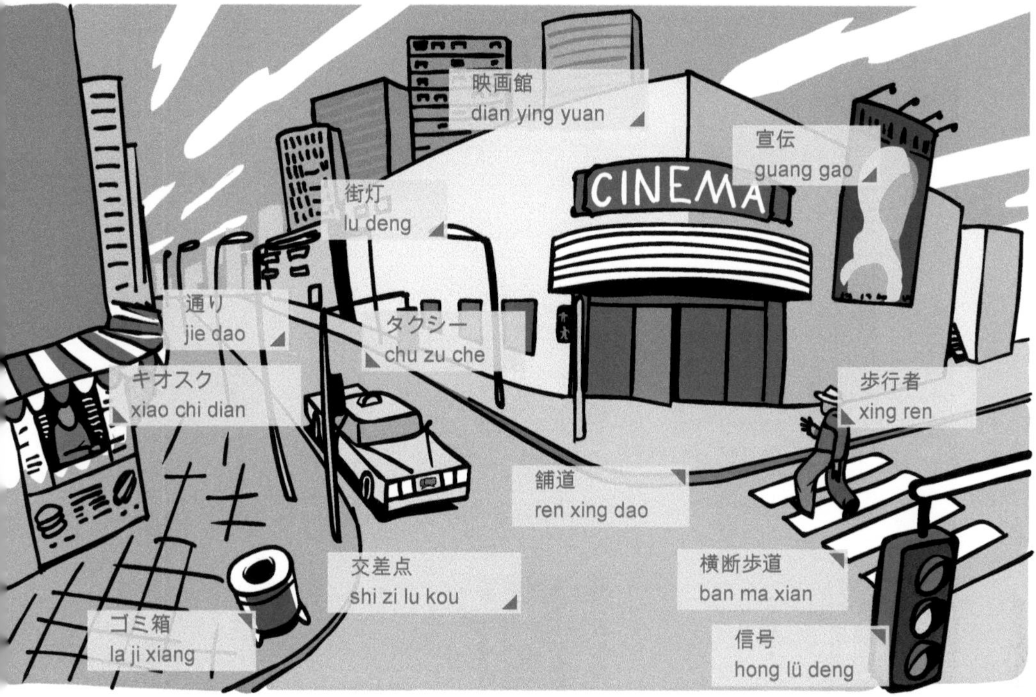
映画館
dian ying yuan
宣伝
guang gao
CINEMA
街灯
lu deng
通り
jie dao
タクシー
chu zu che
キオスク
xiao chi dian
歩行者
xing ren
舗道
ren xing dao
交差点
shi zi lu kou
横断歩道
ban ma xian
ゴミ箱
la ji xiang
信号
hong lü deng

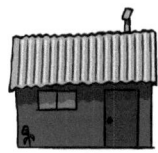

小屋

xiao wu

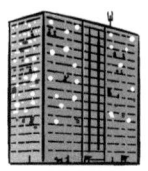

アパート

gong yu

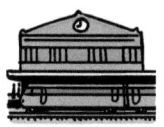

駅

huo che zhan

市役所

shi zheng ting

MUSEUM

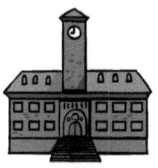

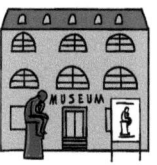

美術館

bo wu guan

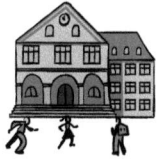

学校

xue xiao

大学

da xue

銀行

yin hang

病院

yi yuan

ホテル

jiu dian

薬局

yao fang

オフィス

ban gong shi

書店

shu dian

ショップ

shang dian

花屋

hua dian

スーパーマーケット

chao shi

市場

shi chang

デパート

bai huo shang dian

魚屋

yu dian

ショッピングセンター

gou wu zhong xin

港

hai gang

都市 - cheng shi

公園

gong yuan

ベンチ

chang deng

橋

qiao

階段

lou ti

地下鉄

di tie

トンネル

sui dao

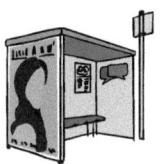

バス停

gong jiao che zhan

バー

jiu ba

レストラン

can guan

ポスト

you tong

道路標識

lu biao

パーキングメーター

ting che ji shi qi

動物園

dong wu yuan

スイミングプール

you yong guan

モスク

qing zhen si

農場

nong chang

汚染

wu ran

墓地

mu di

教会

jiao tang

遊び場

cao chang

寺

si miao

風景

di xing

葉
shu ye

道標
zhi shi pai

道
lu

草地
cao di

石
shi tou

木
shu

ハイカー
tu bu lü xing zhe

川
he

草
cao

花
hua

谷
xia gu

山
shan

湖
hu

森
sen lin

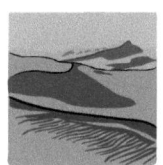

砂漠
sha mo

火山
huo shan

城
cheng bao

虹
cai hong

キノコ
mo gu

ヤシの木
zong lü shu

蚊
wen zi

ハエ
cang ying

蟻
ma yi

ミツバチ
mi feng

クモ
zhi zhu

カブトムシ

jia chong

蛙

qing wa

リス

song shu

ハリネズミ

ci wei

ウサギ

ye tu

フクロウ

mao tou ying

鳥

niao

白鳥

tian e

雄豚

ye zhu

鹿

lu

ヘラジカ

mi lu

ダム

shui ba

風力タービン

feng li fa dian ji

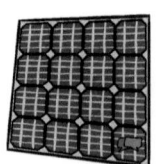

ソーラーパネル

tai yang neng dian chi ban

気候

qi hou

レストラン

can guan

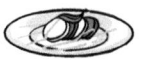

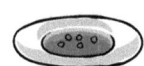

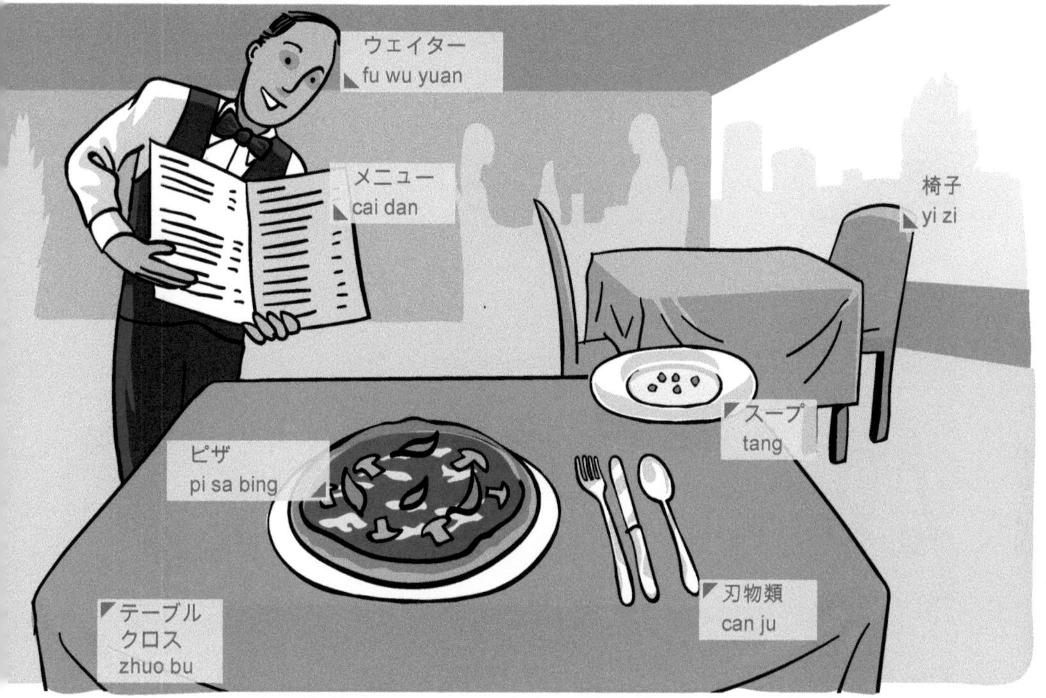
ウェイター
fu wu yuan
メニュー
cai dan
椅子
yi zi
スープ
tang
ピザ
pi sa bing
刃物類
can ju
テーブル
クロス
zhuo bu

前菜

qian cai

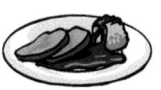

メインコース

zhu cai

デザート

tian dian

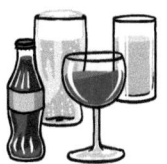

飲み物

yin liao

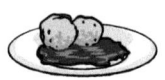

食べ物

shi wu

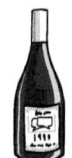

ボトル

ping zi

ファストフード

kuai can

屋台の食べ物

jie bian xiao chi

ティーポット

cha hu

砂糖入れ

tang he

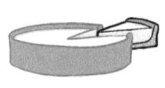

一人前

yi fen fan cai

エスプレッソマシン

yi shi ka fei ji

幼児用食事椅子

gao jiao yi

請求書

zhang dan

トレー

tuo pan

ナイフ

dao

フォーク

can cha

スプーン

shao zi

ティースプーン

cha chi

ナプキン

can jin

グラス

bo li bei

皿
die zi

スープ皿
tang pan

受け皿
die zi

ソース
jiang

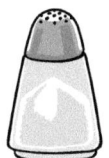

塩入れ
yan ping

ペッパーミル
hu jiao mo

酢
cu

油
shi yong you

スパイス
tiao wei liao

ケチャップ
fan qie jiang

マスタード
jie mo

マヨネーズ
dan huang jiang

スーパーマーケット

chao shi

特価品
te jia
FOR
顧客
gu ke
乳製品
ru zhi pin
果物
shui guo
ショッピング
・カート
gou wu che

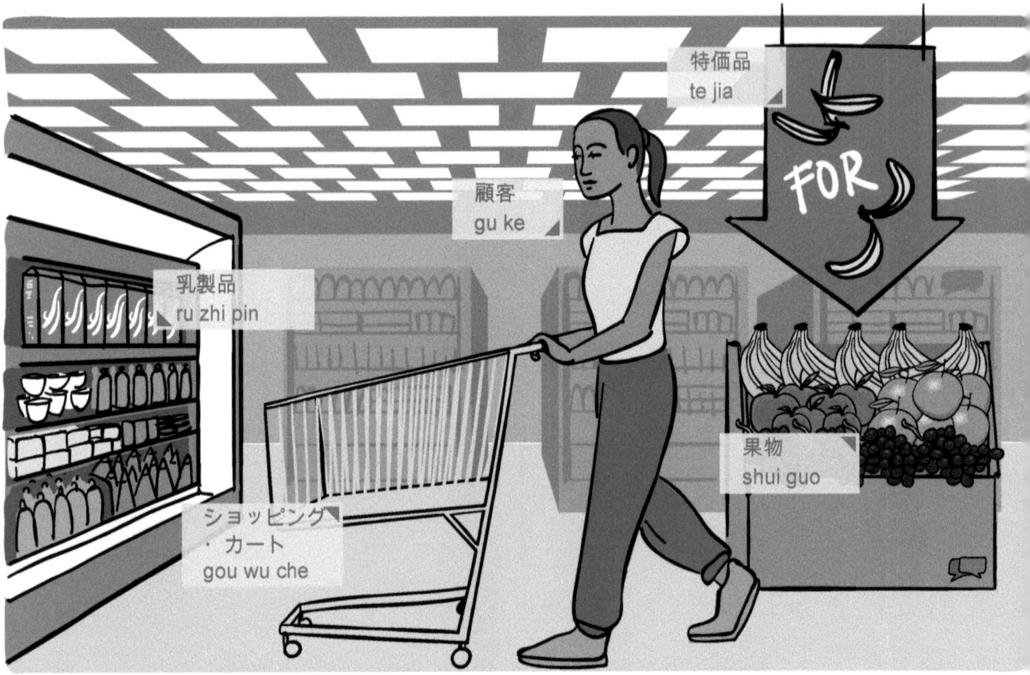

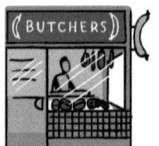

BUTCHERS

肉屋

rou pu

BAKERY

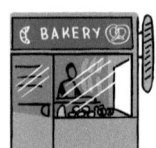

パン屋

mian bao fang

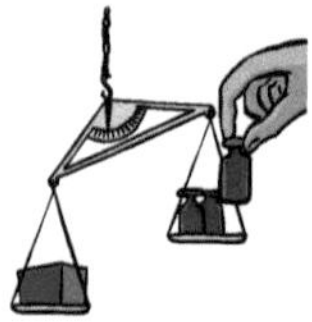

重さをはかる

cheng zhong

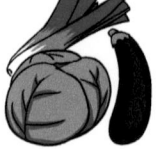

野菜

shu cai

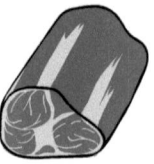

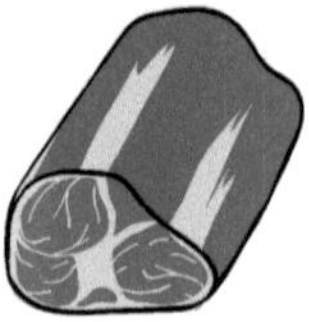

肉

rou

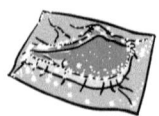

冷凍食品

leng dong shi pin

冷肉の薄切り

leng pan

缶詰食品

guan tou shi pin

洗剤

xi yi fen

菓子

tian shi

家庭用品

ri yong pin

清掃用品

qing jie yong pin

販売員

xiao shou yuan

現金箱

shou yin ji

レジ係

shou yin yuan

買い物リスト

gou wu qing dan

開館時刻

kai fang shi jian

財布

qian bao

クレジットカード

xin yong ka

バッグ

dai zi

ポリ袋

su liao dai

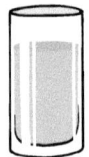

水

shui

ジュース

guo zhi

牛乳

niu nai

コーラ

ke le

ワイン

hong jiu

ビール

pi jiu

アルコール

jiu

ココア

ke ke

紅茶

cha

コーヒー

ka fei

エスプレッソ

yi shi nong suo ka fei

カプチーノ

ka bu qi nuo

バナナ

xiang jiao

リンゴ

ping guo

オレンジ

cheng zi

メロン

xi gua

レモン

ning meng

ニンジン

hu luo bo

ニンニク

da suan

竹

zhu zi

玉ねぎ

yang cong

キノコ

mo gu

ナッツ

jian guo

ヌードル

mian tiao

スパゲッティ

yi da li mian tiao

米

mi fan

サラダ

sha la

フライドポテト

shu tiao

フライドポテト

zha tu dou

ピザ

pi sa bing

ハンバーガー

han bao bao

サンドウィッチ

san ming zhi

カツレツ

zha zhu pai

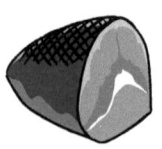

ハム

huo tui

サラミ

sa la mi

ソーセージ

xiang chang

鶏肉

ji rou

焼き

kao rou

魚

yu

麦のお粥

yan mai pian

ムーズリ

mu zi li

コーンフレーク

yu mi pian

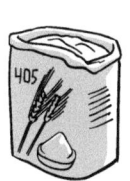

小麦粉

mian fen

クロワッサン

yang jiao mian bao

ロールパン

mian bao juan

パン

mian bao

トースト

kao mian bao

ビスケット

bing gan

バター

huang you

カッテージチーズ

ning ru

ケーキ

dan gao

卵

dan

目玉焼き

jian dan

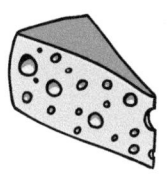

チーズ

nai lao

アイスクリーム

bing ji lin

砂糖

tang

はちみつ

feng mi

ジャム

guo jiang

ヌガークリーム

qiao ke li jiang

カレー

ga li fan

食べ物 - shi wu

農場

nong chang

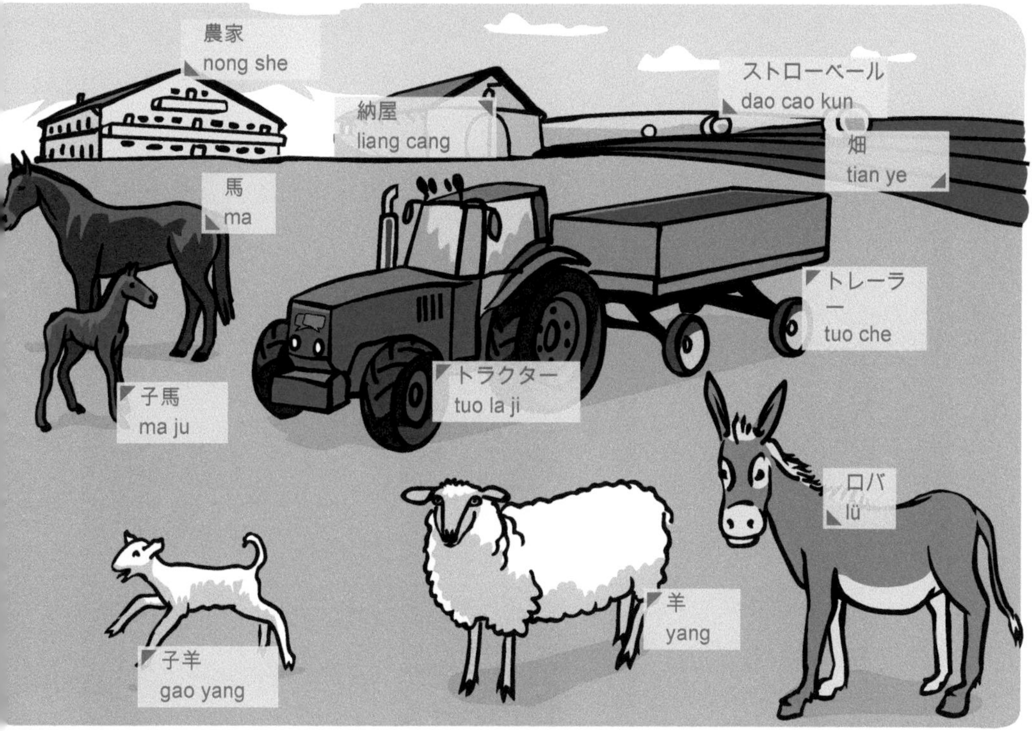

農家
nong she
納屋
liang cang
ストローベール
dao cao kun
畑
tian ye
馬
ma
トレーラー
tuo che
トラクター
tuo la ji
子馬
ma ju
ロバ
lü
羊
yang
子羊
gao yang

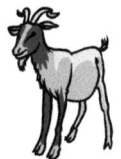

ヤギ

shan yang

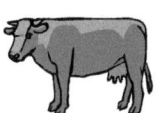

雌牛

nai niu

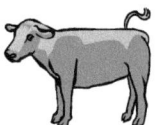

子牛

niu du

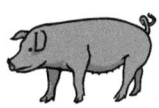

豚

zhu

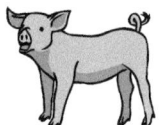

子豚

xiao zhu

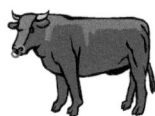

雄牛

gong niu

ガチョウ

e

アヒル

ya

ひよこ

xiao ji

にわとり

mu ji

おんどり

gong ji

ネズミ

shu

猫

mao

ねずみ

lao shu

雄牛

niu

犬

gou

犬小屋

gou wu

散水ホース

hua yuan jiao shui ruan guan

じょうろ

sa shui hu

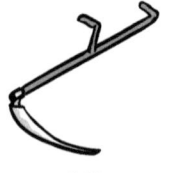

大鎌

chang bing da lian dao

すき

li

草刈り鎌

lian dao

くわ

chu tou

堆肥用フォーク

chang bing cao pa

斧

fu tou

手押し車

du lun shou tui che

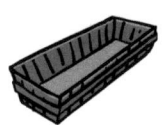

かいばおけ

si liao cao

牛乳缶

niu nai guan

袋

ma bu dai

フェンス

zha lan

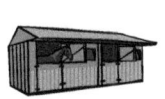

畜舎

ma jiu

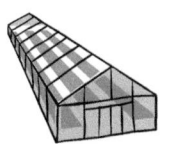

温室

wen shi

土壌

tu rang

種

zhong zi

肥料

fei liao

コンバイン

lian he shou ge ji

収穫する

shou ge

収穫

shou ge

ヤマイモ

shan yao

小麦

xiao mai

大豆

da dou

じゃがいも

tu dou

トウモロコシ

yu mi

菜種

you cai zi

果樹

guo shu

キャッサバ

shu shu

穀物

gu wu

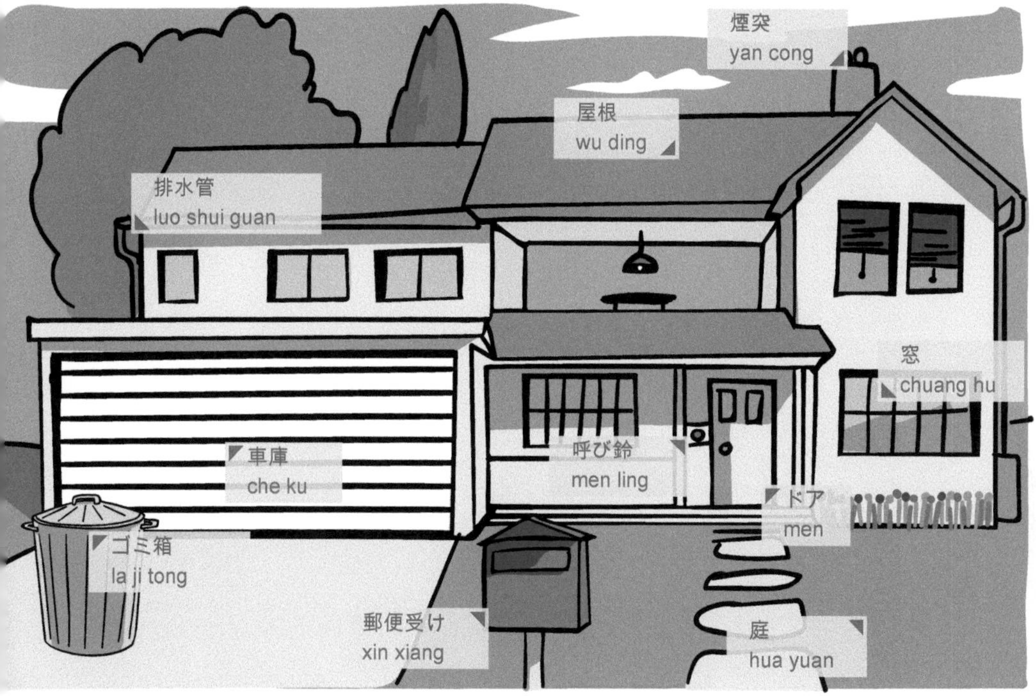

煙突
yan cong

屋根
wu ding

排水管
luo shui guan

窓
chuang hu

車庫
che ku

呼び鈴
men ling

ドア
men

ゴミ箱
la ji tong

郵便受け
xin xiang

庭
hua yuan

リビングルーム
ke ting

浴室
yu shi

台所
chu fang

寝室
wo shi

子供部屋
er tong fang

ダイニング・ルーム
can ting

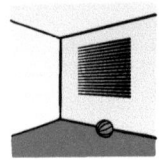

床
di ban

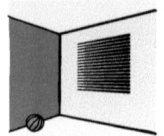

壁
qiang bi

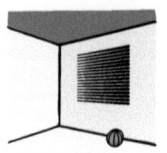

天井
diao ding

地下貯蔵庫
di jiao

サウナ
sang na

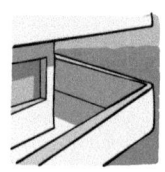

バルコニー
yang tai

テラス
lu tai

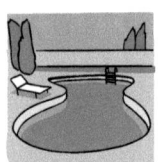

プール
you yong chi

芝刈り機
ge cao ji

シーツ
bei dan

ベッドカバー
chuang zhao

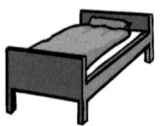

ベッド
chuang

ほうき
sao zhou

バケツ
shui tong

スイッチ
kai guan

リビングルーム

ke ting

壁紙
bi zhi
絵
zhao pian
ランプ
tai deng
棚
ge jia
食器棚
chu gui
テレビ
dian shi ji
暖炉
bi lu
花
hua
クッション
dian zi
ソファ
sha fa
花瓶
hua ping
リモコン
yao kong qi

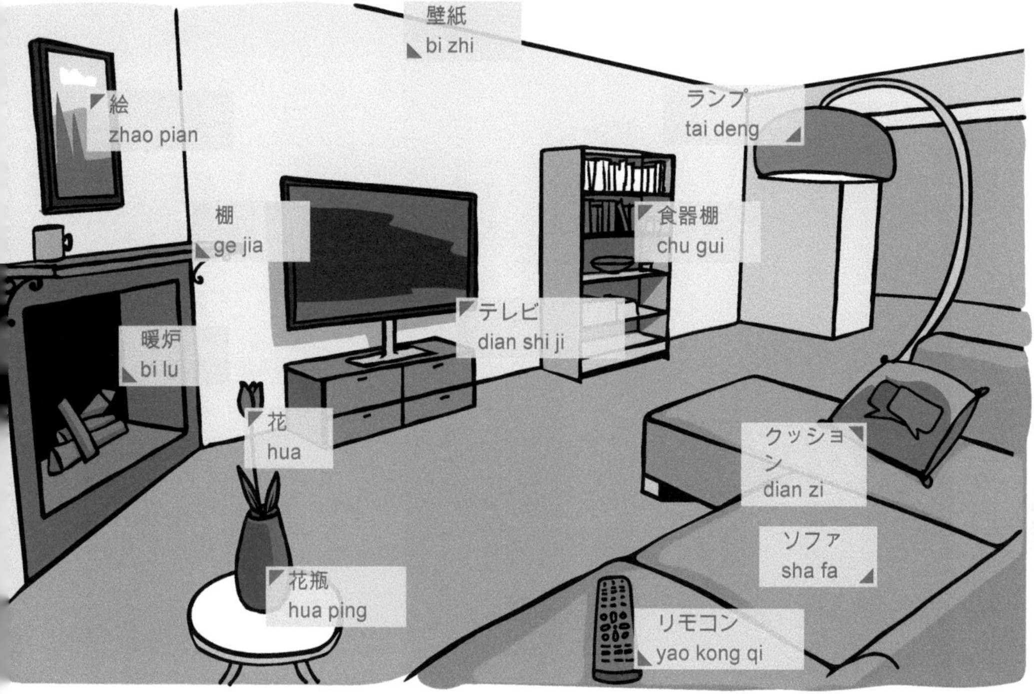

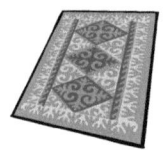

カーペット

di tan

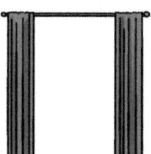

カーテン

chuang lian

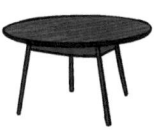

テーブル

can zhuo

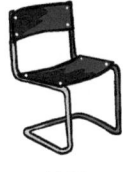

椅子

yi zi

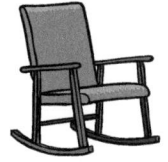

ロッキングチェア

yao yi

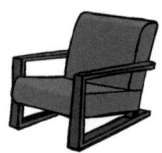

ひじ掛け椅子

fu shou yi

本
shu

毛布
tan zi

飾り
zhuang shi pin

たきぎ
mu chai

映画
dian ying

ステレオ
gao bao zhen yin xiang

鍵
yao shi

新聞
bao zhi

絵画
you hua

ポスター
hai bao

ラジオ
shou yin ji

メモ帳
bi ji ben

掃除機
xi chen qi

サボテン
xian ren zhang

ろうそく
la zhu

台所

chu fang

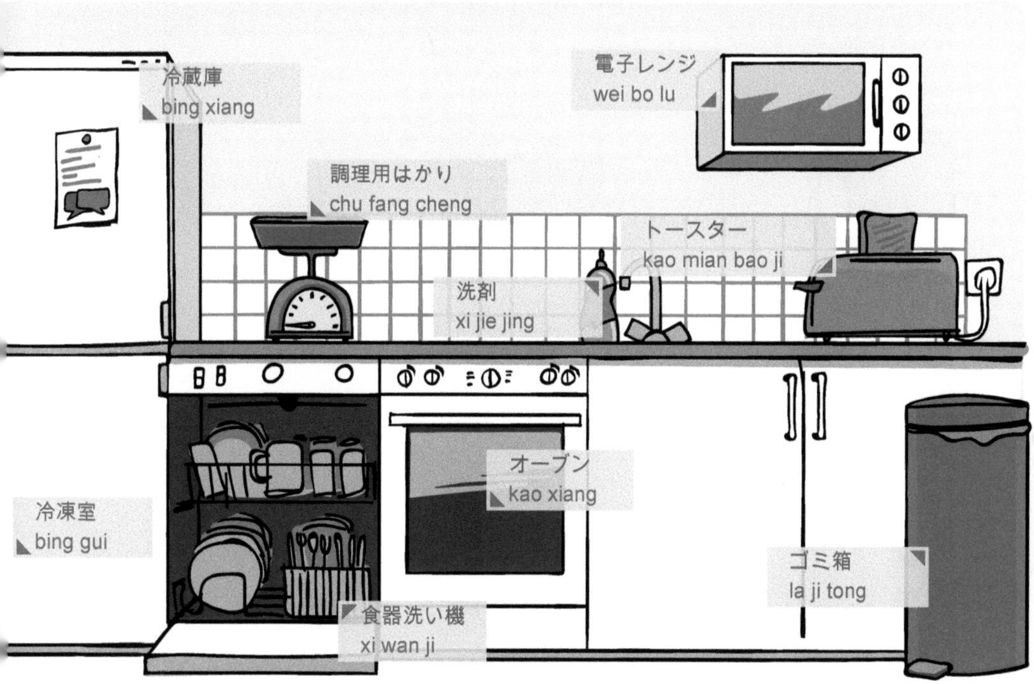

冷蔵庫
bing xiang
電子レンジ
wei bo lu
調理用はかり
chu fang cheng
トースター
kao mian bao ji
洗剤
xi jie jing
オーブン
kao xiang
冷凍室
bing gui
ゴミ箱
la ji tong
食器洗い機
xi wan ji

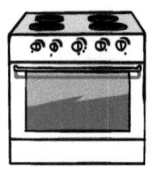

こんろ

chui ju

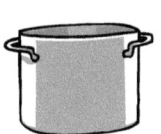

鍋

guo

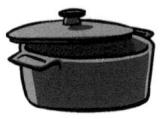

鉄鍋

zhu tie guo

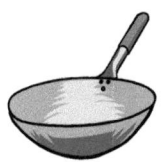

中華鍋/ カダイ鍋

sha guo

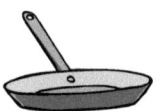

フライパン

ping di guo

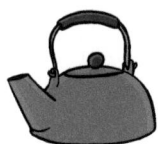

やかん

shui hu

蒸し器

zheng guo

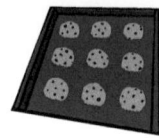

天板

kao pan

食器

tao ci guo

マグカップ

ma ke bei

ボウル

wan

箸

kuai zi

おたま

chang bing shao

へら

chan zi

泡立て器

jiao ban qi

こし器

lü wang

ふるい

shai zi

すりおろし器

mo sui ji

すり鉢

yan bo

バーベキュー

shao kao

かまど

ming huo

まな板

cai ban

麺棒

gan mian zhang

栓抜き

kai ping qi

缶

guan zi

缶切り

kai ping qi

鍋つかみ

ge re shou tao

流し

shui cao

ブラシ

shua zi

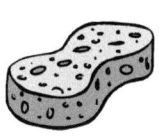

スポンジ

hai mian

ミキサー

jiao ban ji

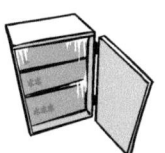

冷凍庫

leng cang xiang

哺乳瓶

nai ping

蛇口

shui long tou

浴室

yu shi

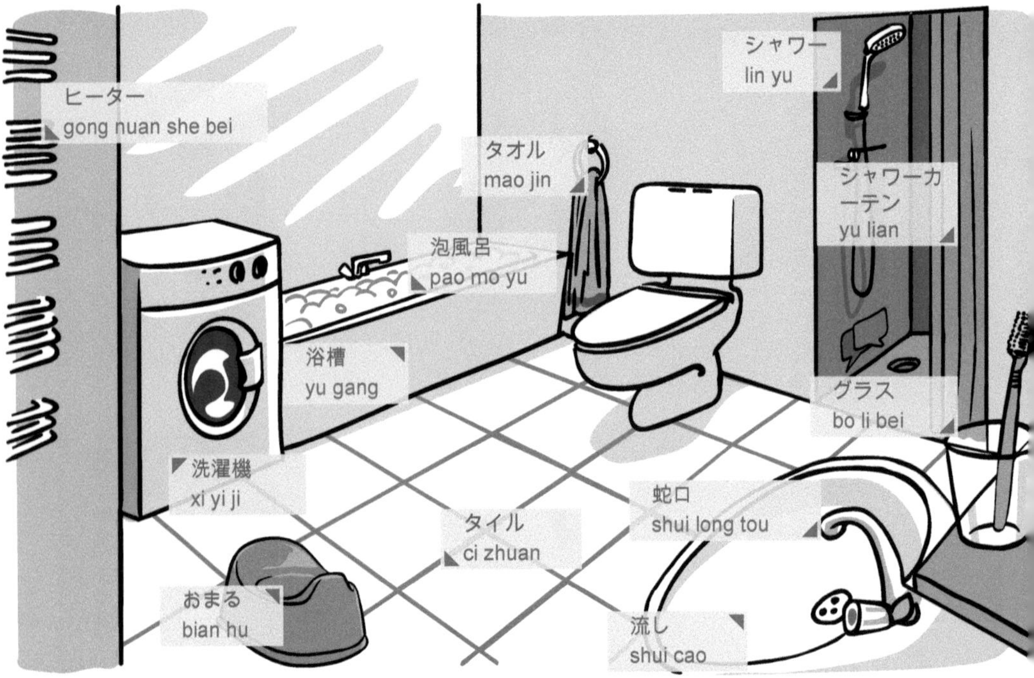

ヒーター
gong nuan she bei
タオル
mao jin
シャワー
lin yu
シャワーカーテン
yu lian
泡風呂
pao mo yu
浴槽
yu gang
洗濯機
xi yi ji
グラス
bo li bei
蛇口
shui long tou
タイル
ci zhuan
おまる
bian hu
流し
shui cao

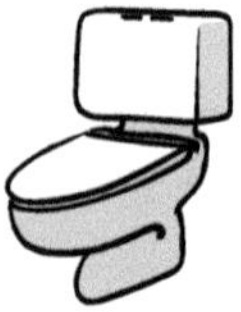

トイレ

ce suo

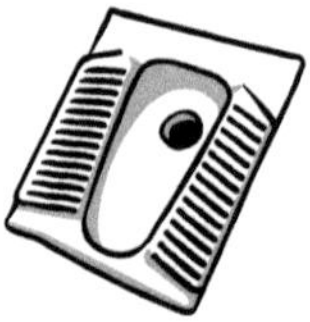

和式トイレ

dun bian qi

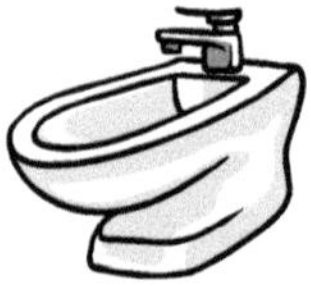

ビデ

zuo yu qi

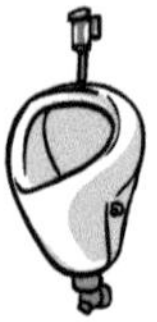

小便器

xiao bian chi

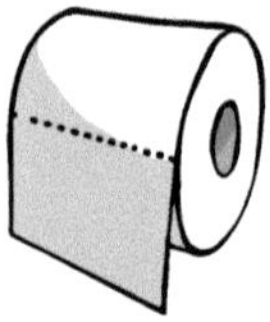

トイレットペーパー

ce zhi

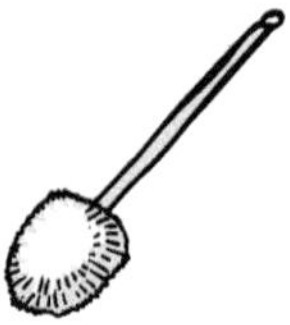

トイレブラシ

ma tong shua

歯ブラシ

ya shua

歯みがき

ya gao

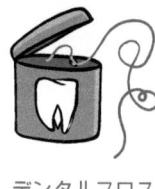

デンタルフロス

ya xian

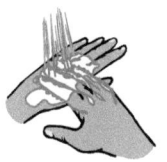

洗う

xi

シャワーヘッド

shou chi shi pen lin tou

ハンドビデ

chong xi qi

洗面台

xi lian pen

ボディブラシ

ca bei shua

石鹸

fei zao

シャワー用ジェル

mu yu lu

シャンプー

xi fa shui

浴用タオル

fa lan rong

排水口

pai shui

クリーム

ru shuang

消臭

chu chou ji

鏡

jing zi

手鏡

shou jing

かみそり

ti xu dao

シェービング・フォーム

ti xu pao mo

アフターシェーブローショ
ン

xu hou shui

櫛

shu zi

ブラシ

shua zi

ドライヤー

chui feng ji

ヘアスプレー

pen fa ding xing ji

化粧

hua zhuang pin

口紅

chun gao

マニキュア

zhi jia you

脱脂綿

hua zhuang mian

爪切り

zhi jia jian

香水

xiang shui

洗面用具入れ

xi shu bao

スツール

deng zi

体重計

ji zhong cheng

バスローブ

yu pao

ゴム手袋

xiang jiao shou tao

タンポン

wei sheng mian tiao

生理用ナプキン

wei sheng jin

ケミカルトイレ

hua xue ce suo

子供部屋

er tong fang

目覚まし時計
nao zhong
ぬいぐるみ
mao rong wan ju
おもちゃの自動車
wan ju che
がらがら
bo lang gu
ドール・ハウス
wan ju wu
プレゼント
li wu

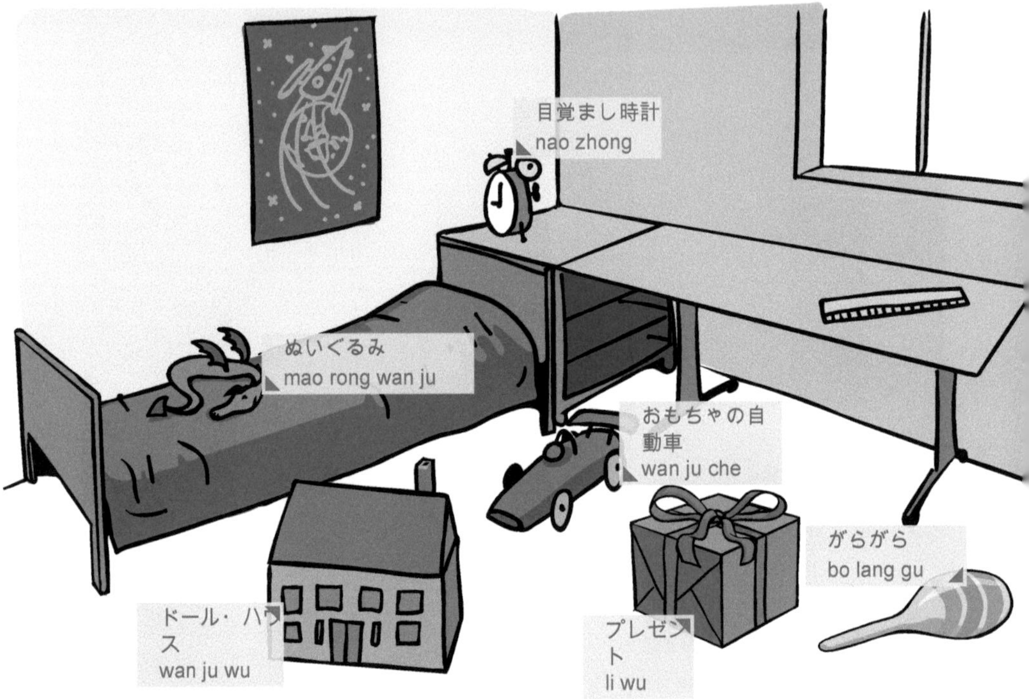

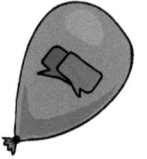

風船

qi qiu

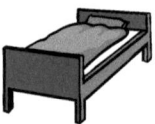

ベッド

chuang

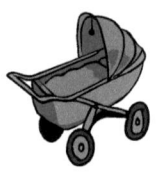

ベビーカー

(yang wa wa yong)ying er che

カードゲーム

pu ke pai

ジグソーパズル

pin tu

SUPER
MEGA

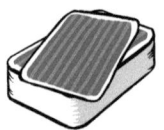

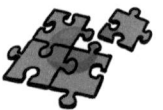

漫画

man hua

レゴ

le gao ji mu

玩具ブロック

ji mu wan ju

アクションフィギュア

wan ju ren

ロンパース

ying er fu

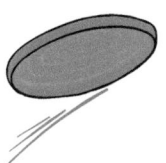

フリスビー

fei pan

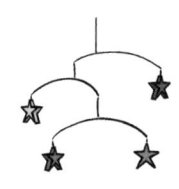

モバイル

chuang ling wan ju

ボードゲーム

qi pan you xi

さいころ

shai zi

鉄道模型

huo che mo xing

おしゃぶり

an fu nai zui

パーティー

ju hui

絵本

hui ben

ボール

qiu

人形

yang wa wa

遊ぶ

wan

砂場

sha keng

ブランコ

qiu qian

おもちゃ

wan ju

ゲーム機

you xi ji

三輪車

san lun che

テディベア

tai di xiong

衣装ダンス

yi chu

衣服

yi fu

靴下

wa zi

ストッキング

chang wa

タイツ

jin shen ku

スカーフ
wei jin

ベルト
pi dai

雨傘
yu san

Tシャツ
T xu

スニーカー
yun dong xie

ブーツ
xue zi

スリッパ
tuo xie

サンダル
liang xie

靴
xie

ゴム長靴
yu xue

パンツ
nei ku

ブラ
xiong zhao

ベスト
bei xin

ボディースーツ

shen ti

ズボン

ku zi

ジーンズ

niu zai ku

スカート

duan qun

ブラウス

nü shi chen shan

シャツ

chen shan

セーター

tao tou shan

パーカー

wei yi

ブレザー

xi zhuang jia ke

ジャケット

jia ke

コート

wai tao

レインコート

yu yi

服装

tao zhuang

ドレス

lian yi qun

ウェディングドレス

hun sha

スーツ
xi zhuang

ナイトガウン
shui pao

パジャマ
shui yi

サリー
sha li

ヘッドスカーフ
tou jin

ターバン
bao tou jin

ブルカ
bo ka

カフタン
ka fu tan

アバヤ
(a la bo shi)chang pao

水着
yong yi

トランクス
nan shi yong ku

半ズボン
duan ku

スウェットスーツ
yun dong fu

エプロン
wei qun

手袋
shou tao

ボタン

niu kou

メガネ

yan jing

ブレスレット

shou lian

ネックレス

xiang lian

指輪

jie zhi

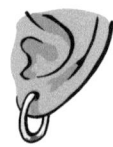

イヤリング

er huan

帽子

bian mao

ハンガー

yi jia

帽子

mao zi

ネクタイ

ling dai

ファスナー

la lian

ヘルメット

tou kui

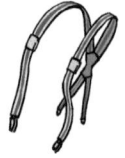

サスペンダー

bei dai

制服

xiao fu

ユニフォーム

zhi fu

よだれかけ
wei dou

おしゃぶり
an fu nai zui

おむつ
niao bu shi

オフィス
ban gong shi

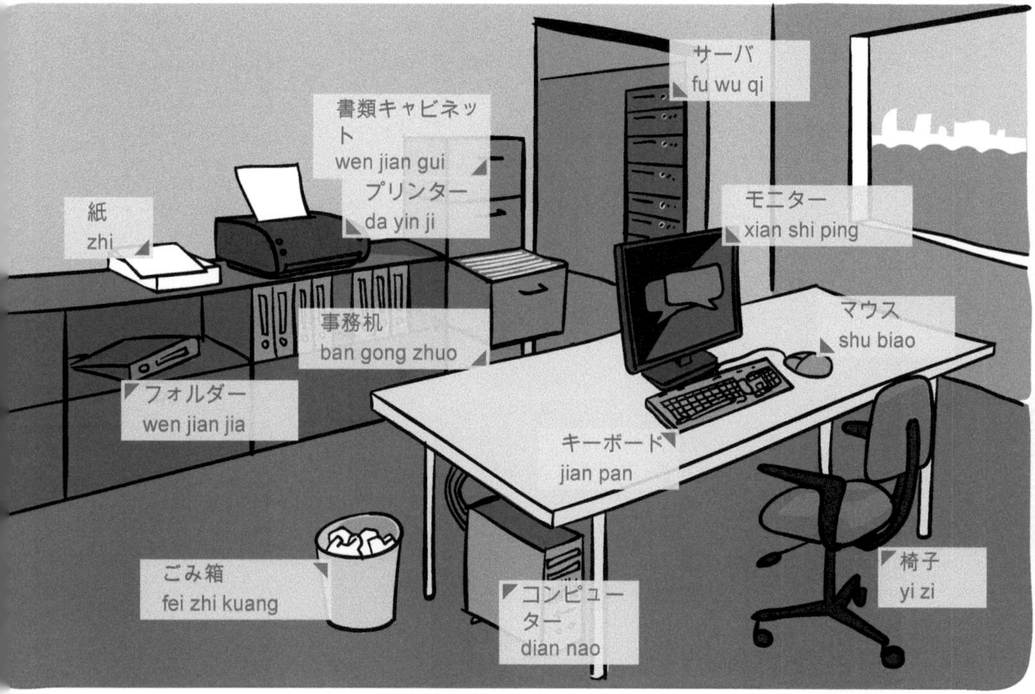

サーバ
fu wu qi

書類キャビネット
wen jian gui
プリンター
da yin ji

モニター
xian shi ping

紙
zhi

マウス
shu biao

事務机
ban gong zhuo

フォルダー
wen jian jia

キーボード
jian pan

ごみ箱
fei zhi kuang

コンピューター
dian nao

椅子
yi zi

コーヒーマグ
ka fei bei

計算機
ji suan qi

インターネット
yin te wang

ラップトップ

bi ji ben dian nao

手紙

xin jian

メッセージ

xiao xi

携帯電話

shou ji

ネットワーク

wang luo

コピー機

fu yin ji

ソフトウェア

ruan jian

電話

dian hua

コンセント

cha zuo

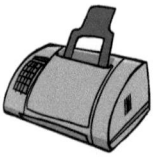

ファックス

chuan zhen ji

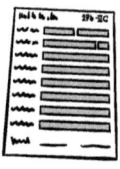

フォーム

biao ge

書類

wen jian

オフィス - ban gong shi

買う

mai

支払う

fu qian

取引する

jiao yi

お金

xian jin

ドル

mei yuan

ユーロ

ou yuan

円

ri yuan

ルーブル

lu bu

スイスフラン

rui shi fa lang

人民元

ren min bi

ルピー

lu bi

キャッシュポイント

ti kuan chu

両替所

wai bi dui huan chu

金

jin

銀

yin

油

shi you

エネルギー

neng yuan

価格

jia ge

契約

he tong

税金

shui jin

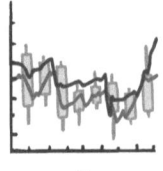

株

gu piao

働く

gong zuo

従業員

zhi yuan

雇用主

lao ban

工場

gong chang

ショップ

shang dian

職業

zhi ye

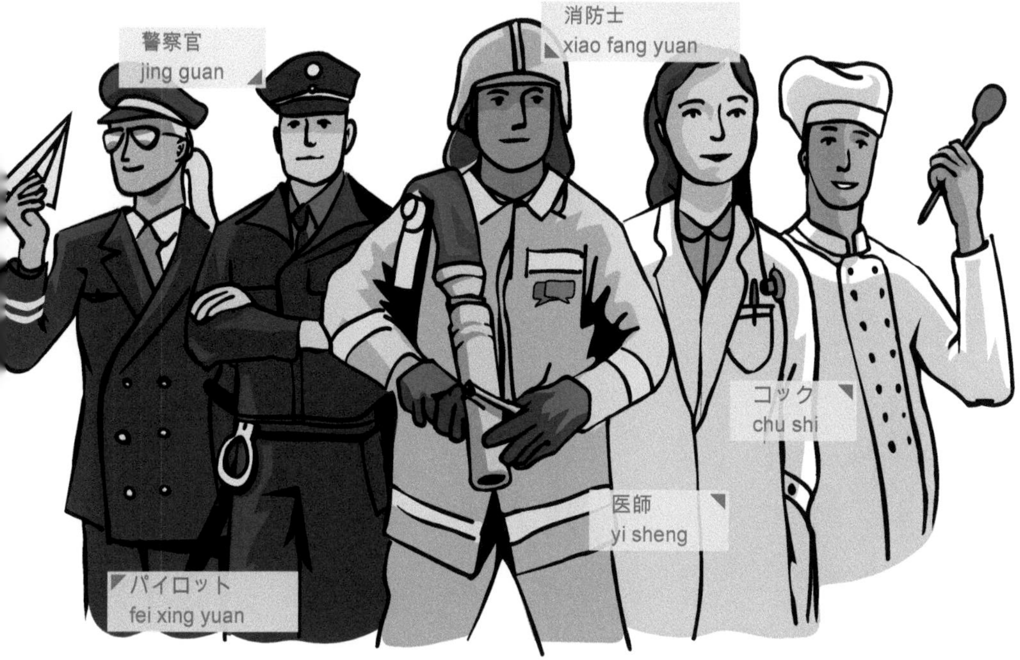
警察官
jing guan
消防士
xiao fang yuan
コック
chu shi
医師
yi sheng
パイロット
fei xing yuan

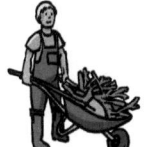

庭師

yuan ding

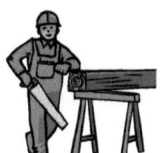

大工

mu jiang

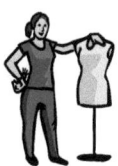

お針子

cai feng

裁判官

fa guan

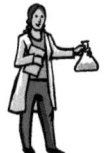

化学者

hua xue jia

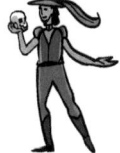

俳優

yan yuan

バスの運転手

gong jiao che si ji

タクシー運転手

chu zu che si ji

漁師

yu fu

掃除婦

qing jie nü gong

屋根ふき職人

wu ding gong

ウェイター

fu wu yuan

ハンター

lie ren

塗装工

hua jia

パン屋

mian bao shi

電気工

dian gong

建設作業員

jian zhu gong ren

エンジニア

gong cheng shi

肉屋

tu fu

配管工

shui guan gong

郵便配達人

you di yuan

軍人

shi bing

建築家

jian zhu shi

レジ係

shou yin yuan

花屋

hua nong

美容師

li fa shi

車掌

shou piao yuan

機械工

ji xie shi

キャプテン

chuan zhang

歯科医

ya yi

科学者

ke xue jia

ラビ

la bi

イスラム導師

yi ma mu

修道士

he shang

牧師

mu shi

職業 - zhi ye

道具

gong ju

ハンマー
tie chui
くぎ抜き
qian zi
ドライバー
luo si dao
スパナ
ban shou
懐中電灯
shou dian tong

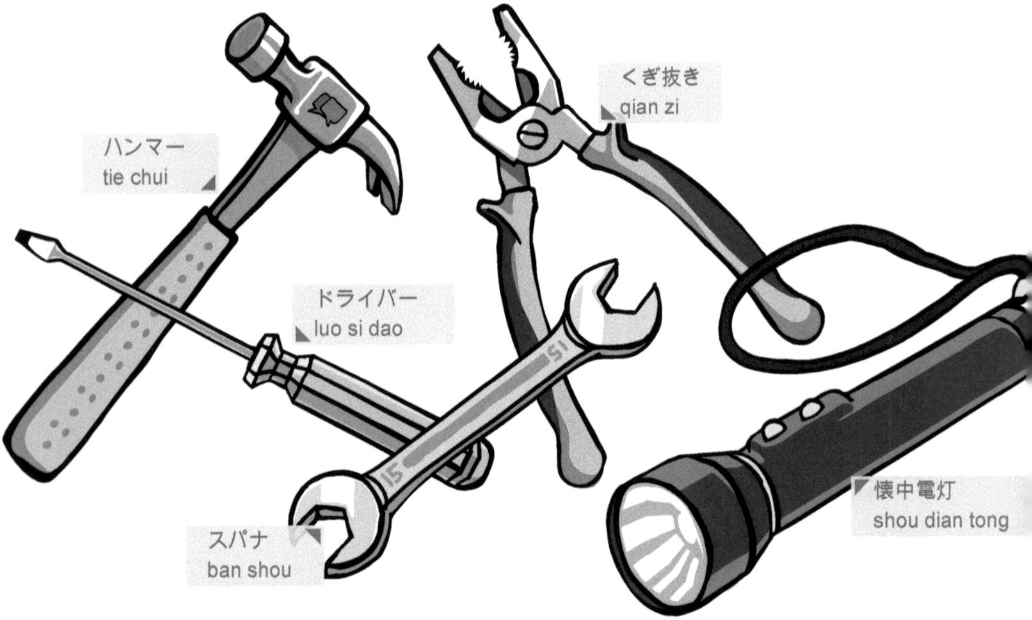

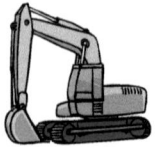

掘削機

wa jue ji

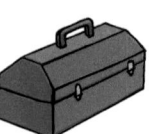

道具箱

gong ju xiang

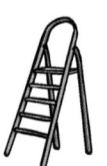

はしご

ti zi

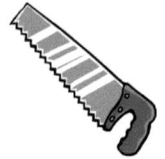

のこぎり

ju zi

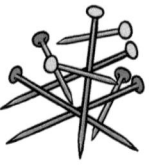

釘

ding zi

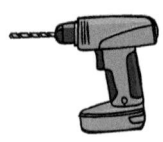

ドリル

zuan ji

修理する
xiu

シャベル
chan zi

クソ！
kao!

ちりとり
bo ji

ペンキ缶
you qi tong

ネジ
luo si

楽器
yue qi

打楽器
da ji yue qi

スピーカー
yang sheng qi

ギター
ji ta

コントラバス
di yin ti qin

トランペット
xiao hao

ピアノ

gang qin

バイオリン

xiao ti qin

バス

bei si

ティンパニ

ding yin gu

ドラム

gu

キーボード

dian zi qin

サックス

sa ke si guan

フルート

chang di

マイクロフォン

mai ke feng

動物園

dong wu yuan

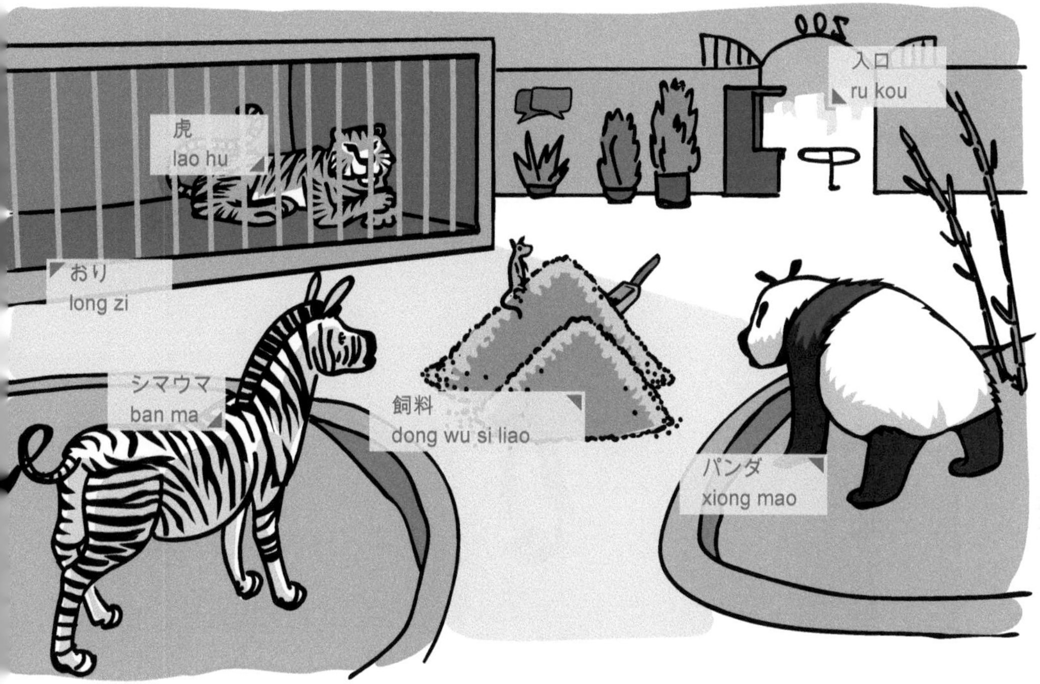

zoo
入口
ru kou
虎
lao hu
おり
long zi
シマウマ
ban ma
飼料
dong wu si liao
パンダ
xiong mao

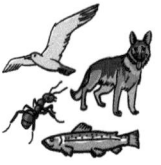

動物

dong wu

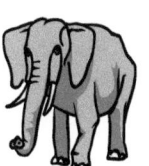

象

da xiang

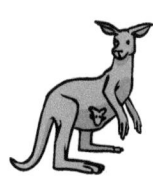

カンガルー

dai shu

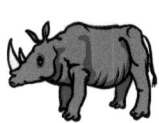

サイ

xi niu

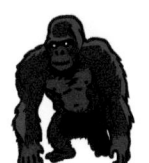

ゴリラ

da xing xing

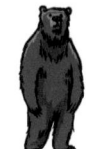

熊

xiong

ラクダ

luo tuo

ダチョウ

tuo niao

ライオン

shi zi

猿

hou zi

フラミンゴ

huo lie niao

オウム

ying wu

白クマ

bei ji xiong

ペンギン

qi e

サメ

sha yu

クジャク

kong que

蛇

she

ワニ

e yu

飼育係

dong wu yuan guan li yuan

アザラシ

hai bao

ジャガー

mei zhou bao

ポニー

ai zhong ma

ヒョウ

bao

カバ

he ma

キリン

chang jing lu

鷲

lao ying

雄豚

ye zhu

魚

yu

亀

gui

セイウチ

hai xiang

狐

hu li

ガゼル

ling yang

アメフト
gan lan qiu

サイクリング
qi zi xing che

テニス
wang qiu

バスケット
ボール
lan qiu

水泳
you yong

ボクシング
quan ji

アイスホッケー
bing qiu

サッカー
ying shi zu qiu

バドミントン
yu mao qiu

陸上競技
tian jing

ハンドボール
shou qiu

スキー
hua xue

ポロ
ma qiu

笑う
xiao

跳ぶ
tiao

抱きしめる
yong bao

歩く
zou lu

歌う
chang

夢見る
zuo meng

祈る
qi dao

キス
qin wen

書く

shu xie

描く

hua

示す

zhan shi

押す

tui

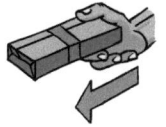

与える

gei

取る

na

持っている
....
you

する
....
zuo

ある
....
dang

立つ
....
zhan

走る
....
pao

引く
....
la

投げる
....
reng

落ちる
....
shuai dao

横たわっている
....
tang

待つ
....
deng dai

運ぶ
....
xie dai

座る
....
zuo

着る
....
chuan yi

眠る
....
shui jiao

目が覚める
....
xing lai

見る
kan

泣く
ku

なでる
fu mo

櫛ですく
shu tou

話す
jiao tan

理解する
ming bai

質問する
wen

聞く
ting

飲む
he

食べる
chi

片づける
qing li

愛する
ai

料理する
zuo fan

運転する
kai che

飛ぶ
fei

ヨットに乗る

hang xing

計算する

ji suan

読む

du

学ぶ

xue xi

働く

gong zuo

結婚する

jie hun

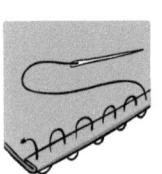

縫う

feng

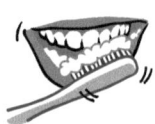

歯を磨く

shua ya

殺す

sha

喫煙する

chou yan

送る

ji

祖母
zu mu

祖父
zu fu

父
fu qin

母
mu qin

赤ん坊
ying tong

娘
nü er

息子
er zi

お客様
ke ren

おば
a yi

おじ
shu shu

兄弟
xiong di

姉妹
jie mei

体

shen ti

ひたい
qian e
目
yan jing
肩
jian bang
指
shou zhi
顔
lian
あご
xia ba
手
shou
脚
tui
胸
ru fang
腕
shou bi

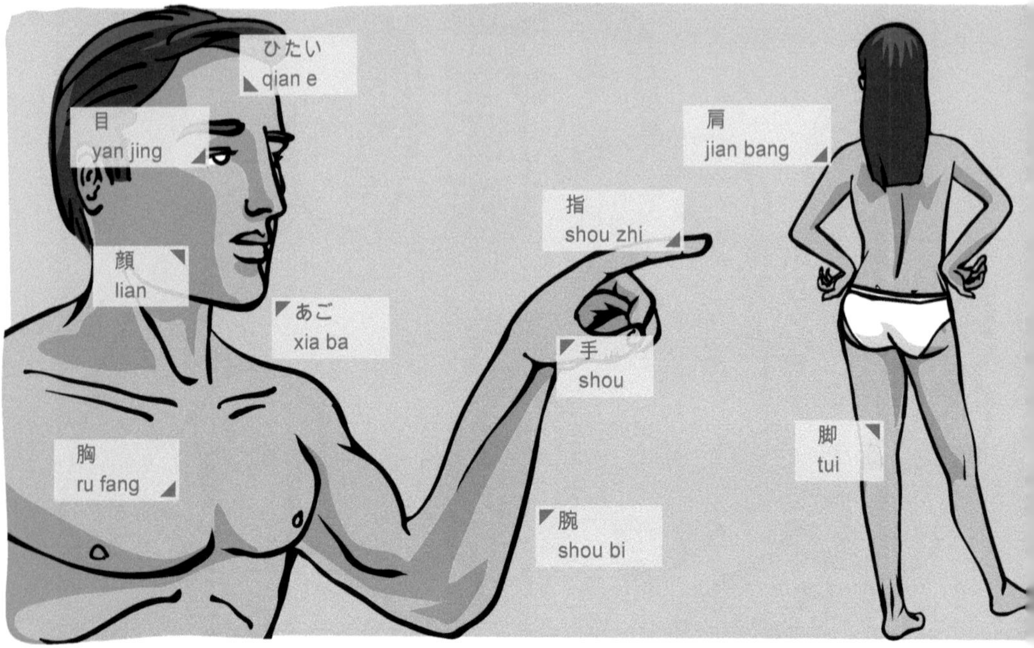

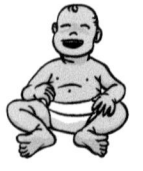

赤ん坊

ying tong

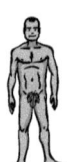

男性

nan ren

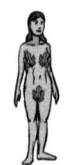

女性

nü ren

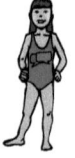

少女

nü hai

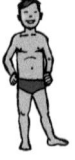

少年

nan hai

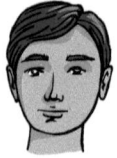

頭

tou

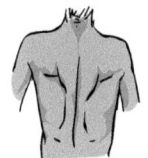

背中
bei bu

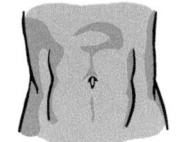

腹
du zi

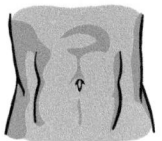

へそ
du qi

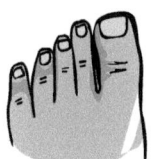

足指
jiao zhi

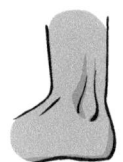

かかと
jiao hou gen

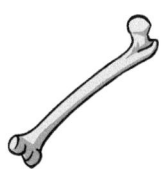

骨
gu tou

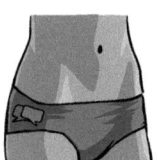

腰
tun bu

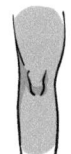

ひざ
xi gai

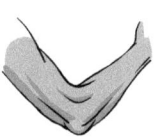

ひじ
shou zhou

鼻
bi zi

尻
pi gu

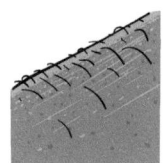

皮膚
pi fu

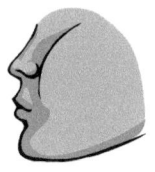

頬
lian jia

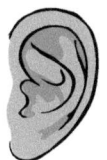

耳
er duo

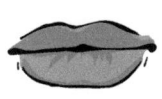

唇
zui chun

口

zui

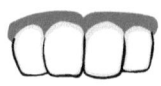

歯

ya chi

舌

she tou

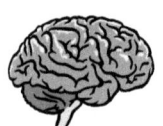

脳

nao

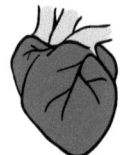

心臓

xin zang

筋肉

ji rou

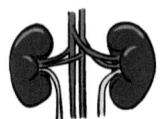

肺

fei

肝臓

gan zang

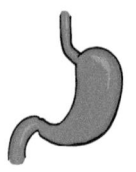

胃

wei

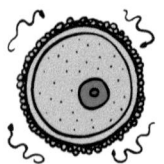

腎臓

shen zang

セックス

xing jiao

コンドーム

bi yun tao

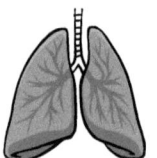

卵細胞

luan zi

精液

jing zi

妊娠

huai yun

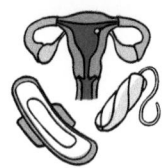

月経

yue jing

膣

yin dao

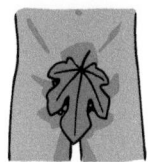

ペニス

yin jing

眉

mei mao

髪

tou fa

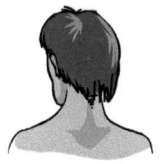

首

bo zi

病院
yi yuan

病院
yi yuan

救急車
jiu hu che

車椅子
lun yi

骨折
gu zhe

医師
yi sheng

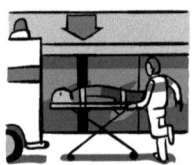

救急治療室
ji zhen shi

看護師
hu shi

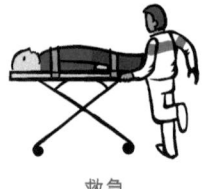

救急
jin ji qing kuang

失神
hun mi

痛み
tong

けが

shou shang

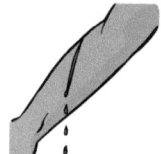

出血

chu xue

心臓発作

xin zang bing fa zuo

脳卒中

zhong feng

アレルギー

guo min

咳

ke sou

熱

fa shao

インフルエンザ

liu gan

下痢

fu xie

頭痛

tou tong

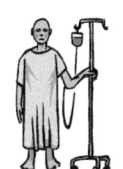

癌

ai zheng

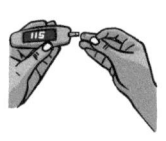

糖尿病

tang niao bing

外科医

wai ke yi sheng

外科用メス

shou shu dao

手術

shou shu

CT

CT

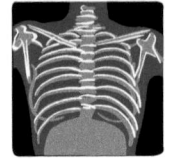

レントゲン

X guang

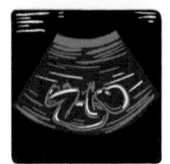

超音波

chao sheng bo

マスク

kou zhao

病気

ji bing

待合室

hou zhen shi

松葉づえ

guai zhang

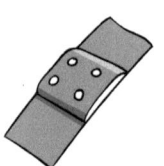

ばんそうこう

shi gao

包帯

beng dai

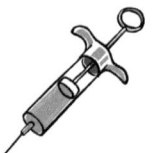

注射

zhu she

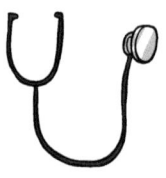

聴診器

ting zhen qi

担架

dan jia

体温計

ti wen ji

出産

chu sheng

肥満

chao zhong

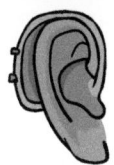

補聴器

zhu ting qi

消毒剤

xiao du ye

感染

gan ran

ウイルス

bing du

HIV / エイズ

ai zi bing

内服薬

yao wu

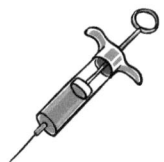

予防接種

jie zhong yi miao

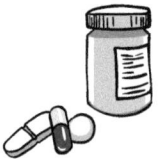

錠剤

yao pian

ピル

yao wan

緊急電話

ji jiu dian hua

血圧計

xue ya ji

病気の / 健康な

sheng bing/jian kang

助けて！

jiu ming!

アラーム

jing bao

暴行

tu ji

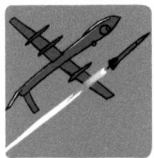

攻撃

gong ji

危険

wei xian

非常口

jin ji chu kou

火事だ！

zhao huo la!

消火器

mie huo qi

事故

yi wai

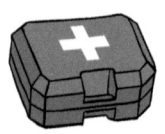

救急箱

ji jiu xiang

SOS

hu jiu xin hao

警察

jing cha

ヨーロッパ

ou zhou

北米

bei mei zhou

南米

nan mei zhou

アフリカ

fei zhou

アジア

ya zhou

オーストラリア

ao zhou

大西洋

da xi yang

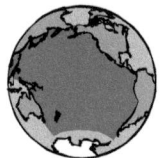

太平洋

tai ping yang

インド洋

yin du yang

南極海

nan bing yang

北極海

bei bing yang

北極

bei ji

南極

nan ji

南極大陸

nan ji zhou

地球

di qiu

陸

lu di

海

hai

島

dao

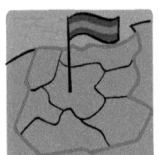

国家

guo jia

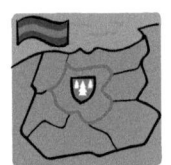

国家

guo jia

文字盤

zhong mian

短針

shi zhen

長針

fen zhen

秒針

miao zhen

何時ですか？

xian zai ji dian?

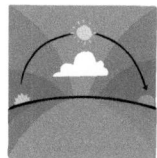

日

tian

時間

shi jian

現在

xian zai

デジタル時計

dian zi biao

分

fen

時間

shi

週

zhou

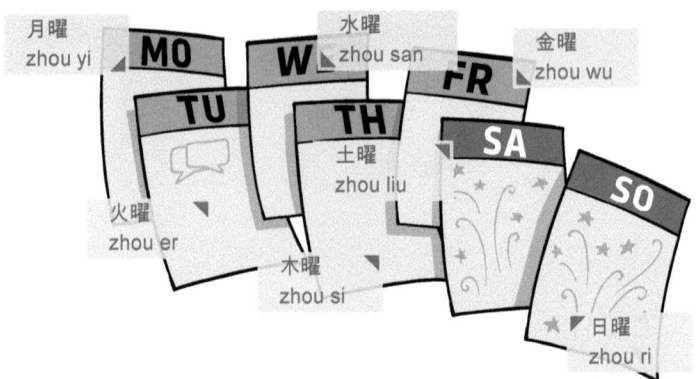

月曜
zhou yi

水曜
zhou san

金曜
zhou wu

火曜
zhou er

木曜
zhou si

土曜
zhou liu

日曜
zhou ri

昨日

zuo tian

今日

jin tian

明日

ming tian

朝

zao chen

昼

zhong wu

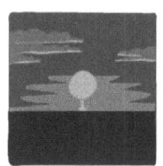

夜

wan shang

營業日

gong zuo ri

週末

zhou mo

年

nian

雨
yu
虹
cai hong
風
feng
雪
xue
春
chun
夏
xia
秋
qiu
冬
dong

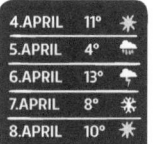

4.APRIL 11°
5.APRIL 4°
6.APRIL 13°
7.APRIL 8°
8.APRIL 10°

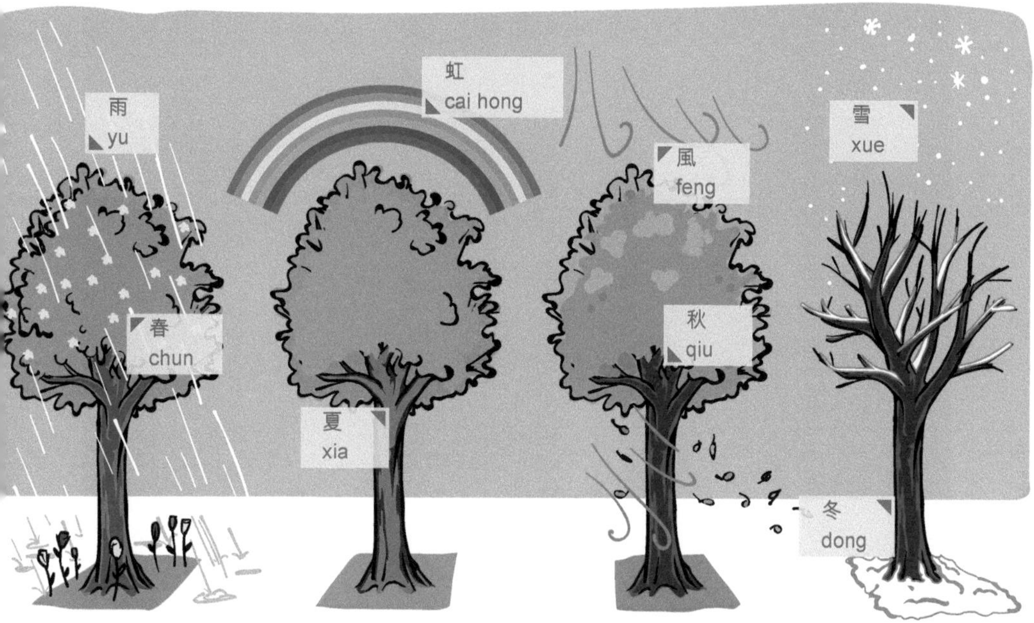

天気予報

tian qi yu bao

F
C
120
90
60
30
0
-30
40
30
20
10
0
-10
-20

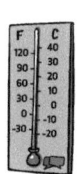

温度計

wen du ji

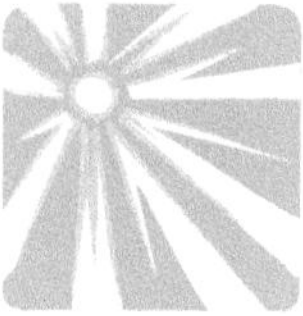

日差し

yang guang

雲

yun

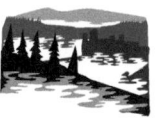

霧

wu

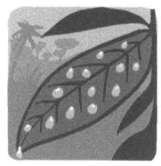

湿度

chao shi

雷

shan dian

雷

da lei

嵐

feng bao

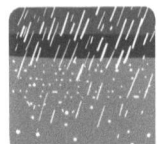

ひょう

bing bao

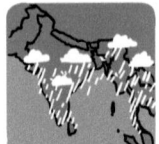

季節風

ji feng

洪水

hong shui

氷

bing

1月

yi yue

2月

er yue

3月

san yue

4月

si yue

5月

wu yue

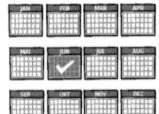

6月

liu yue

7月

qi yue

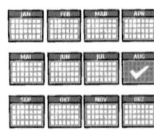

8月

ba yue

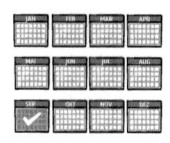

9月

jiu yue

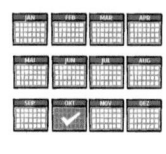

10月

shi yue

11月

shi yi yue

12月

shi er yue

形

xing zhuang

円

yuan xing

正方形

zheng fang xing

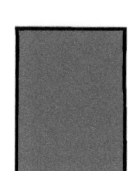

長方形

chang fang xing

三角

san jiao xing

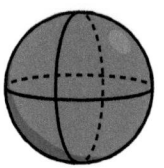

球

qiu ti

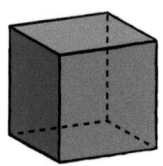

立方体

li fang ti

色

白

bai

黄

huang

オレンジ

cheng

ピンク

fen

赤

hong

紫

zi

青

lan

緑

lü

茶

zong

灰色

hui

黒

hei

多い ／ 少ない

hen duo/shao xu

怒っている /
落ち着いている
sheng qi/ping jing

美しい ／ 醜い

mei/chou

初め ／ 終わり

shou/wei

大きい ／ 小さい

da/xiao

明るい ／ 暗い

ming/an

兄弟 ／ 姉妹

xiong di/jie mei

清潔な / 汚い

gan jing/ang zang

完全な ／ 不完全な

wan zheng/que shi

日中 ／ 夜

bai tian/wan shang

死んだ ／ 生きている

si/sheng

幅広い ／ 狭い

kuan/zhai

食べられる　/
食べられない
ke shi yong/fei shi yong

悪意のある　/　親切な

xie e/shan liang

興奮している　/
退屈じている
xing fen/wu liao

太った　/　痩せた

pang/shou

最初に　/　最後に

di yi/zui hou

友人　/　敵

peng you/di ren

いっぱいの　/　空の

man/kong

硬い　/　柔らかい

ying/ruan

重い　/　軽い

zhong/qing

空腹　/　喉の渇き

e/ke

病気の　/　健康な

sheng bing/jian kang

違法な　/　合法な

fei fa/he fa

賢い　/　愚かな

cong ming/yu ben

左に　/　右に

zuo/you

近い　/　遠い

jin/yuan

新しい ／ 中古の

xin/jiu

何もない ／ 何かある

mei you/you xie

老いた ／ 若い

lao/you

オン ／ オフ

kai/guan

開いている ／
閉まっている
da kai/he shang

静かな ／ うるさい

an jing/chao nao

裕福な ／ 貧乏な

fu/qiong

正しい ／間違っている

dui/cuo

粗い ／なめらか

cu cao/guang hua

悲しい ／ 幸せな

shang xin/gao xing

短い ／ 長い

duan/chang

ゆっくり ／ 速い

man/kuai

濡れた ／ 乾いた

shi/gan

温かい ／ 冷たい

wen nuan/liang shuang

戦争 ／ 平和

zhan zheng/he ping

反対 - fan yi ci

0

ゼロ

ling

1

1

yi

2

2

er

3

3

san

4

4

si

5

5

wu

6

6

liu

7

7

qi

8

8

ba

9

9

jiu

10

10

shi

11

11

shi yi

12
12
shi er

13
13
shi san

14
14
shi si

15
15
shi wu

16
16
shi liu

17
17
shi qi

18
18
shi ba

19
19
shi jiu

20
20
er shi

100
100
bai

1.000
1000
qian

1.000.000
100万
bai wan

英語
ying yu

アメリカ英語
mei shi ying yu

中国標準語
pu tong hua

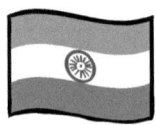

ヒンディー語
yin di yu

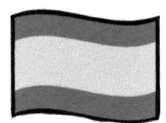

スペイン語
xi ban ya yu

フランス語
fa yu

アラビア語
a la bo yu

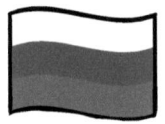

ロシア語
e yu

ポルトガル語
pu tao ya yu

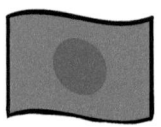

ベンガル語
feng jia la yu

ドイツ語
de yu

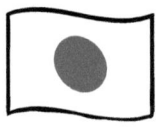

日本語
ri yu

私

wo

あなた

ni

彼 / 彼女 / それ

ta/ta/ta

私たち

wo men

あなたたち

ni men

彼ら

ta men

誰？

shei?

何？

shen me?

どうやって？

zen yang?

どこ？

na li?

いつ？

shen me shi hou?

名前

ming zi

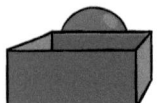

後ろ

hou mian

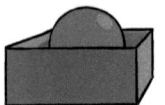

中

li mian

前

qian mian

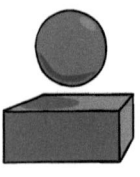

上

shang fang

上

shang mian

下

xia mian

横

pang bian

間

zhong jian

場所

di dian